Vente du Mercredi 29 Mai 1912

HOTEL DROUOT — SALLE N° 11

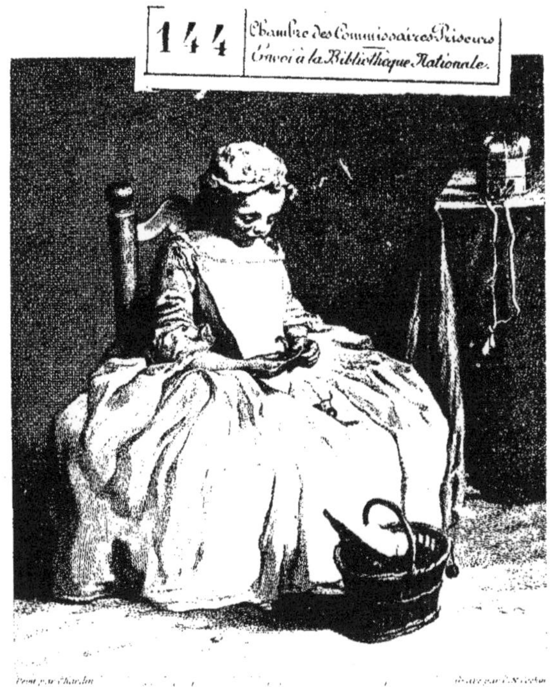

N° 28 du Catalogue

ESTAMPES

DU

XVIIIe SIECLE

Me ANDRÉ DESVOUGES. M. LOYS DELTEIL.

FRAZIER-SOYE

GRAVEUR-IMPRIMEUR

153-155-157, Rue Montmartre

PARIS

CATALOGUE

DES

ESTAMPES

DU

XVIIIe SIÈCLE

Dont la vente aura lieu

à Paris, HOTEL DROUOT, Salle N° 11

Le Mercredi 29 Mai 1912

à 2 heures précises

Par le Ministère de Me ANDRÉ DESVOUGES

COMMISSAIRE-PRISEUR

26, *Rue de la Grange-Batelière*

Assisté de M. LOYS DELTEIL, Graveur et Expert

2, Rue des Beaux-Arts

CONDITIONS DE LA VENTE

Elle sera faite au comptant.

Les adjudicataires paieront *dix pour cent* en sus des enchères.

M. Loys Delteil remplira les commissions que voudront bien lui confier les amateurs ne pouvant y assister.

MM. les Amateurs pourront visiter la collection, 2, *rue des Beaux-Arts*, du Jeudi 23 au Samedi 25 Mai 1912, de 2 heures à 5 heures.

EXPOSITION PUBLIQUE : Hotel Drouot

Salle N° 11

Le Mardi 28 Mai 1912, de 2 à 6 heures

DÉSIGNATION

ALMANACHS

1. Douze scènes historiques gravées sur un même cuivre pour un almanach. Très rare exemplaire *avant toute lettre.*

1 *bis*. Sujets gracieux, 12 petites pièces d'apr. Boucher, Canot, Fragonard, etc., pour un almanach.

AMÉRIQUE (Estampes relatives à l')

2. *The Tea Tax-Tempest the Anglo-American Revolution*, épr. à la *lettre grise* — Hommage à Franklin (par St-Non ?). Deux pièces. Belles épreuves.

BARTOLOZZI (F.)

3. Cherubins — Angels. Deux pl. d'apr. W. Peters et F. Vivarès, se faisant pendants. Belles épreuves, *tirées en bistre.*

BAUDOUIN (d'après P. A.)

4. Marton, par N. Ponce (31). Très belle épreuve.

5. Les Heures du Jour, par E. De Ghendt (32, 33, 35 et 46). Suite de 4 pl. Belles épreuves.

6. Rose et Colas, par Simonet (42). Belle épreuve au *cartel blanc.*

7. Les Soins tardifs, par N. De Launay (45). Belle épreuve.

BERVIC (Ch. Cl.)

8. Louis Seize, en pied, d'apr. Callet. Belle épreuve sur chine doublé, du 2e tirage.

BOILLY (d'après L.)

9. *Ah! comme il y viendra!*, par Clavareau. Très belle épreuve.

10. Le Cadeau, par Bonnefoy. Belle épreuve *imp. en couleurs* et rehaussée (remmargée).

BONNET (L. M.)

11. *The Woman ta King Coffée.* Epreuve *imp. en couleurs*, tirée sans le cadre. Encadrée.

12. Vue des Environs de Dantzick. Très belle épreuve, *imp. en couleurs.*

BOREL (d'après Ant.)

13. La Faute est faite, permettez qu'il la répare, par Anselin. Belle épreuve, *avant* la dédicace.

BOUCHER (d'après F.)

14. L'Amour désarmé, par Fessard. Très belle épreuve.

15. L'Oiseau privé, par Flipart. Belle épreuve.

16. Les Présents du Berger, par L. Lempereur. Belle épreuve.

17. Sylvie délivrée par Aminte, par R. Gaillard. Belle épreuve.

18. Le Trait dangereux, par Poletnich. Belle épreuve.

19. Vénus, par L. M. Bonnet (153). Belle épreuve, *tirée en sanguine.*

BROOKSHAW (R.)

20. Marie-Antoinette, Reine de France. Belle épreuve. Rare.

CARESME (d'après Ph.)

21. L'Aveugle détrompé, par Wossenik. Très belle épreuve, *imp. en couleurs.*

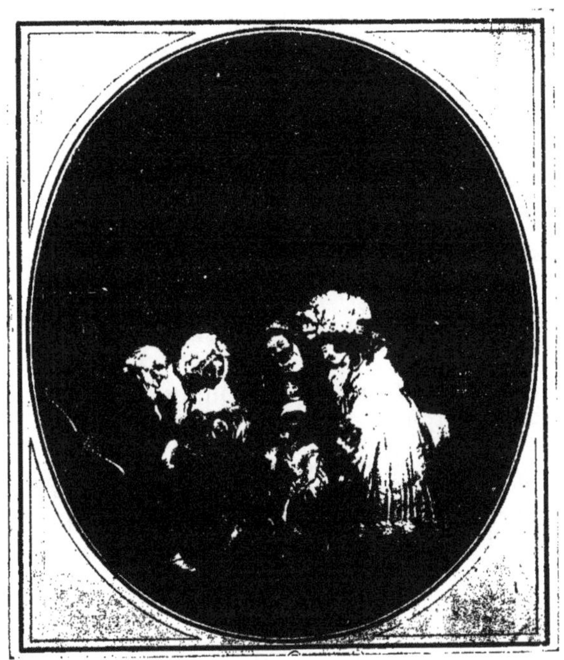

N° 41 du Catalogue.

22. Les Plaisirs du Bain, par Jubier. Très belle épreuve, *imp. en couleurs.*

CARMONTELLE (L. C. de)

23. Besenval (B^on de). Très belle épreuve.

CARRÉE

24. Vue perspective de la fontaine des Innocents. Belle épreuve, *imp. en couleurs.*

CHALLE (d'après M. A.)

25. *The Officious waiting Woman*, par Chaponnier. Epreuve piquée et tachée. Encadrée.

CHARDIN (d'après J. B. S.)

26. L'Ecureuse, par C. N. Cochin ([illegible]6). Très belle épreuve.

27. Jeune Fille à la raquette, par Lépicié (29). Belle épreuve.

28. La petite Fille aux cerises, par C. N. Cochin (43). Très belle épreuve.

28 *bis*. Le Négligé ou la Toilette du matin, par Le Bas (38). Belle épreuve.

28 *ter*. L'Ouvrière en tapisserie, par Flipart (40). Belle épreuve.

29. Le Chat au fromage, par Dupin (2 de l'app.) Très belle épreuve.

29 *bis*. La Gouvernante, par J. Le Moine — Dame cachetant une lettre, copie — Toilette du Matin, par Duflos — Chardin, par Chevillet. Quatre pièces.

COCHIN FILS (C. N.)

30. Pompe Funèbre de Marie-Thérèse d'Espagne à Notre-Dame. Deux belles épreuves, une *avant* toute lettre, non terminée.

31. Frontispice et 5 pl., pour *Emile*, de J.-J. Rousseau, par Le Mire, Ponce, Danbrun, De Ghendt et Trière. Belles épreuves, *avant la lettre*, toute marge. On y a joint 2 pl. à l'*eau-forte pure*, soit 8 pièces.

COLIBERT (N.)

32. La Patrie satisfaite. Belle épreuve, *imp. en couleurs*.

33. La Beauté rend les armes à l'Amour victorieux — L'Innocence embrassant la Sagesse... 2 pl. d'apr. Boizot, se faisant pendants. Belles épreuves (cassure à une pl.)

COSTUMES ET COIFFURES

34. Gallerie des Modes et Costumes Français. *Dessinés d'après nature. — Ouvrage commencé en l'année 1778. A Paris, chez les Srs Esnauts et Rapilly.* Tome 1er, texte et suite complète de 96 pl., en 1 vol. in fol. rel. veau de l'époque. Très belles épreuves en noir.

35. Coeffure à l'Hérisson — Coeffure à la Vestris — Coeffure à la Thévenet — Coeffure à la Grenade. Quatre pièces. Belles épreuves, *coloriées.*

36. Costumes divers, 28 pl. anciennes et modernes.

DAMAME-DEMARTRAIS (F.)

37. *Paris et ses Alentours à plus de trente lieues à la ronde* — Paris, F. Didot, 1818, couverture, titre, déd., avant-propos, 12 planches (sur 30?) et texte.

DAVID (d'après L.)

38. *Marat tel qu'il était au moment de sa mort*, par L. Copia. Très belle épreuve.

DEBUCOURT (P. L.)

39. Le Juge ou la Cruche cassée, par Le Veau (2). Belle épreuve, *avant toute lettre.*

40. Heur et Malheur ou la Cruche cassée (M. Fenaille 12). Superbe épreuve, *imp. en couleurs.*

41. Le Compliment ou la Matinée du Jour de l'An — Les Bouquets ou la Fête de la Grand-Maman (15-16). Deux pièces se faisant pendants. Très belles épreuves, *imp. en couleurs* (sans marges, petites restaurations dans l'encadrement).

41 *bis.* La Rose mal défendue (27). Très belle épreuve.

42. La Promenade publique (33). Superbe épreuve, *imp. en couleurs*, grandes marges.

43. Modes et Manières du Jour, pl. 5, 6 et 41 (75 et suiv.). Trois pièces. Belles épreuves, *coloriées*.

44. L'Entrée à la grotte — Le Mort d'Hero (128 et 131). Deux pièces. Belles épreuves, *imp. en couleurs*.

45. La Femme et le Mari ou les Epoux à la mode (148). Très belles épreuves, *coloriées*.

46. Les Petits Messieurs ou les Adolescens à la Mode (172). Très belle épreuve, *coloriée*.

DE GOUY (A. M.)

47. Passe-Temps. Petite pl. de forme ronde. Très belle épreuve, *imp. en couleurs*. Encadrée. Cadre rond ancien.

48. Le Triomphe de l'Enfance. De forme ovale. Belle épreuve *tirée en 3 tons* et *rehaussée*.

DE MACHY (d'après)

49. Vue des Tuileries du côté du Pont tournant, par Descourtis. De forme ronde. Belle épreuve, *imp. en couleurs* (sans marges).

DEMARTEAU (G.)

50. Pastorale, d'apr. F. Boucher (61). Très belle épreuve, *tirée en sanguine* (sans marges).

51. Vénus et les Amours. d'apr. F. Boucher (74). Belle épreuve *tirée en sanguine* (mouillure et légère épidermure).

52. Le Bain, d'apr. F. Boucher (104). Belle épreuve, *tirée en sanguine*.

53. Femme endormie, d'apr. F. Boucher (138). Très belle épreuve, *tirée en sanguine*.

54. Le Sommeil d'Annette, d'apr. F. Boucher (172). Belle épreuve, *tirée en sanguine*.

55. Femme et Amour, d'apr. F. Boucher (193). Très belle épreuve, *imp. en sanguine.*

56. Jupiter et Léda, d'apr. F. Boucher (220). Très belle épreuve *tirée en sanguine*, toute marge (les mots *du Roi*, grattés).

57. Nymphe assise, d'apr. F. Boucher (221). Très belle et très rare épreuve *avant toute lettre*, *tirée en sanguine.*

58. La même estampe. Très belle épreuve, *tirée en sanguine.*

59. Femme sur un lit, d'apr. F. Boucher (227). Belle épreuve *tirée en sanguine.*

60. Groupe de Têtes, d'apr. F. Boucher (344). Belle épreuve, *tirée en sanguine.*

61. Vénus désarmée, d'apr. F. Boucher (379). Belle épreuve *tirée en 3 tons* (sans marges).

62. La Famille chinoise, d'apr. F. Boucher (497). Très belle épreuve, *tirée en 2 tons.*

63. Jeux d'Enfants (Plaisir des Amours et pendant) (504-505). Deux pièces d'après Huet et Boucher. Très belles épreuves, *tirées en trois tons.*

64. Un Polisson, d'apr. F. Boucher (516). Très belle épreuve, *tirée en 3 tons.*

65. Le Dénicheur de merle, d'apr. F. Boucher. Belle épreuve, *tirée en sanguine.*

66. Paysage, d'apr. J. B. Huet. Belle épreuve, *imp. en couleurs.*

67. Femme et Amour, d'apr. F. Boucher. Très belle épreuve, *tirée en sanguine.*

DESRAIS (d'apr. C. L.)

68. Le plus fort me tente. Très belle épreuve, *coloriée.*

DIVERS

69. A la mémoire de Basan, par Choffard — Frise, d'apr. Moitte — *City Smoking Club* — Les Anglaises de 1814 — Souvenir — Regret, etc. Huit pièces.

DREVET (P. I.)

70. Bossuet, en pied, d'apr. H. Rigaud (D. 12). Très belle épreuve, *avant* les points (petite cassure).

DUCLOS (A. J.)

71. La Reine annonçant à Mme de Bellegarde... la liberté de son mari, d'apr. Desfossés. Belle épreuve *avant la lettre* (doublée).

DUGOURE (d'apr. J. L.)

72. Le Lever de la Mariée, par Trière. Très belle et rare épreuve, *avant la lettre*, *avec* des essais de burin en marges (petite tache dans la marge du bas).

ÉCOLES FRANÇAISE ET ANGLAISE

73. Les Plaisirs Champêtres, petite pl. de forme ovale. Belle épreuve, *imp. en couleurs.*

74. Le Sacrifice de la Rose — L'Etonnement de l'Innocence. Deux pl. de forme ronde, se faisant pendants. Belles épreuves.

75. Sujet gracieux, par Bartolotti, d'apr. J. Ward — Scène de Voleurs, par Gros, d'apr. Boilly. Deux pl. *imp. en couleurs* (manquent un peu de conservation).

75 *bis.* Le Chat chéri — Iris — Les Ennuyés chez eux, etc., 6 pl. d'apr. Monnet, Watteau, Huet et C. Vernet.

76. Sujets divers, Costumes et Paysages, 18 pl. par Watteau, Fragonard, J. Vernet, St Non, Daullé, etc., la plupart en belles épreuves.

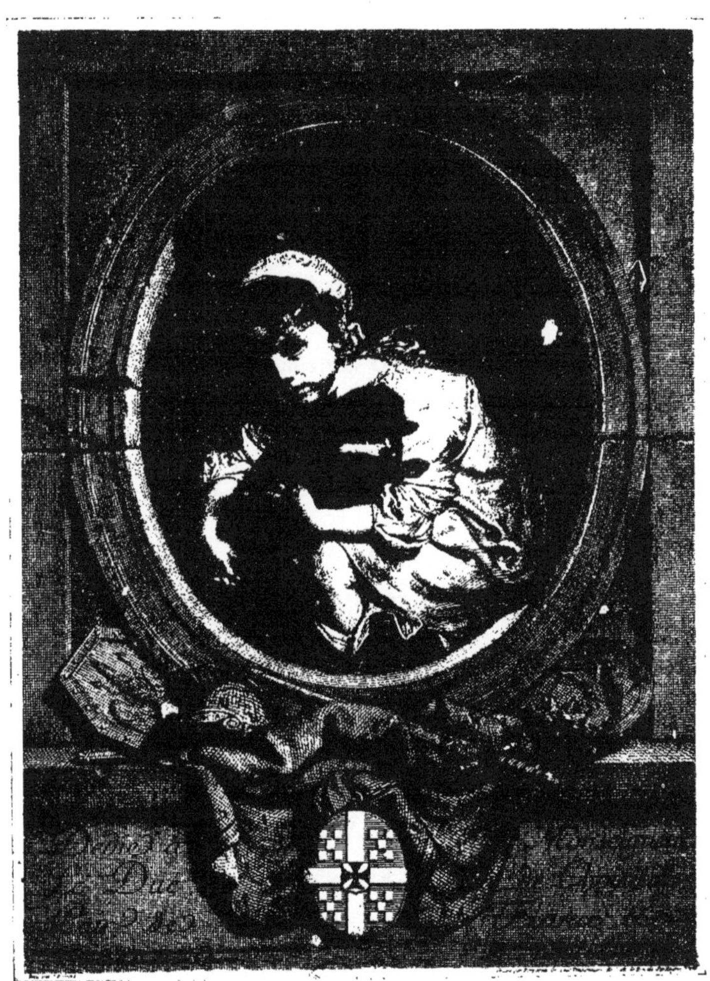

N° 90 du Catalogue.

77. *Les Estampes en couleurs du XVIIIe siècle — Debucourt, Lavreince... Texte par Ernest Chesneau* — Paris, J. Lemonnyer, 1885 — 1 vol. in-fol. dem. rel. coins. Bel exemplaire avec *double suite* (en couleurs et en bistre), soit 100 pl.

EISEN (d'après Ch.)

78. La Comète, par Le Bas. Très belle épreuve.

EX-LIBRIS

79. Ex-libris (de Fuligny-Damas, etc.) et Armoiries. Dix-neuf pièces.

FESSARD (Etienne)

80. *Fables choisies mises en vers par J. de La Fontaine. Nouvelle Edition, gravée en taille-douce. Les Figures par le Sr Fessard. Le texte par le Sr Montulay...* — Paris, Fessard 1765 — 6 vol. in-8, rel. veau.

FRAGONARD (Honoré)

81. L'Armoire (P. de B. 2). Bonne épreuve, *avant* l'adresse.

82. La Bonne Mère — Le Serment d'Amour. Deux pl. par N. De Launay et J. Mathieu, se faisant pendants. Bonne épreuves (rognées).

83. La Chemise enlevée, par E. Guersant. Belle épreuve. Rare.

84. Serment d'Amour, par Audebert. Belle épreuve.

FREUDEBERG (d'après S.)

85. La Balanceuse — Le Retour des Champs. Deux pl. par Carrée, se faisant pendants. Très belles épreuves, *imp. en couleurs*, toutes marges.

86. Le Départ du Soldat Suisse — Le Retour du Soldat Suisse. Deux pl. se faisant pendants. Belles épreuves, coloriées (sans marges). Encadrées.

87. Le Petit Jour, par N. De Launay. Belle épreuve de tirage postérieur.

88. La Visite inattendue, par Voyez l'aîné. Très belle épreuve, *avant le n°* .

GAUTIER-DAGOTY

89. Frontispice de la *Galerie Française*. Très belle épreuve.

GREUZE (d'après J. B.)

90. L'Enfant au chien, par Porporati. Très belle épreuve, *avec* l'adresse de la rue *Thibautodé*.

91. L'Hermite, par H. Marais. Très belle épreuve, *avant la lettre*.

GUYOT (L.)

92. Vue de la Bastille, d'apr. Sergent. Belle épreuve, *imp. en couleurs*.

93. Wilton dans Wiltshire, d'apr. Walle. Belle épreuve, *imp. en couleurs*.

HUET (d'apr. J. B.)

94. L'Amant écouté — L'Eventail carré. Deux pièces par L. M. Bonnet, se faisant pendants. Très belles épreuves, *imp. en couleurs*, sans marges (petite épidermure à une pl.).

95. L'Amant écouté, par L. M. Bonnet. Belle épreuve *imp. en couleurs* (filet de marge, trous de vers).

96. L'Amour offrant des présents à Arianne, par Bonnet. Superbe épreuve, *imp. en couleurs*.

97. L'Amour prie Vénus — Vénus enflammée par l'Amour, 2 pl. par Bonnet, se faisant pendants. Belles épreuves, *imp. en couleurs* (sans marges, petites cassures). Encadrées.

98. La Bergerie, par Bonnet. Belle épreuve, *tirée en bistre.*

98 *bis.* Le Départ du Marché, par Jubier. Très belle épreuve, *imp. en couleurs* (sans marges).

99. La Feinte résistance, par Patas. Belle épreuve (petite tache).

100. Le Petit Cavalier, par Bonnet. Belle épreuve, *imp. en couleurs* (filet de marge). Encadrée.

101. Le petit Sabot, par Bonnet. Belle épreuve, *imp. en couleurs* (sans marge).

JANINET (J. F.)

102. Franklin (B.) Belle épreuve, *avant toute lettre* (petite marge ovale).

103. La même estampe. Belle épreuve, *imp. en couleurs.*

104. Mlle Maillard. Bonne épreuve, *imp. en couleurs* (sans marge).

105. Henri IV à l'Assemblée des Notables tenue à Rouen, d'apr. Bertaux. Superbe épreuve, *imp. en couleurs.*

106. Le Retour à la ville, d'après Houel. Très belle épreuve, *tirée en bistre*, toute marge.

107. Ruines antiques, 3 pl. — Maison de Ste-Foix, Chaussée d'Antin — Maison de M. Le Doux, rue des Petites-Ecuries, 2 pl. soit cinq pl. Très belles épreuves, *imp. en couleurs* (3 sans marges).

108. Cinq têtes de Femmes gravées sur un même cuivre. Superbe et rare épreuve, *imp. en couleurs.*

109. Dix Coiffures de Femmes (dont le portrait de Mlle Colombe). Très belles épreuves, *imp. en couleurs* (sans marges).

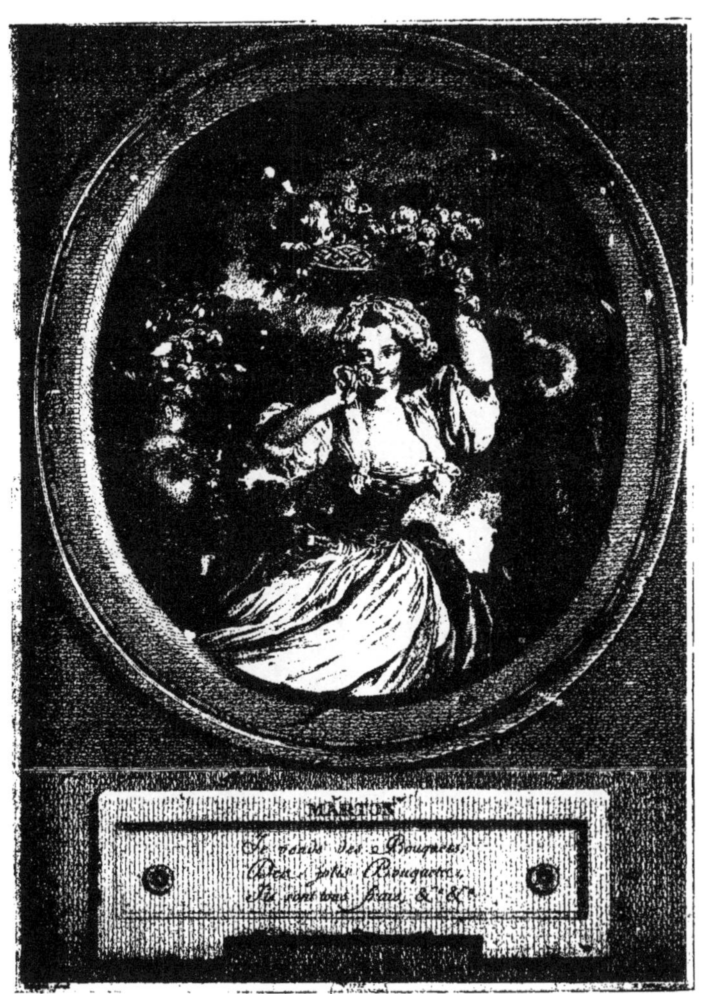

N° 4 du Catalogue.

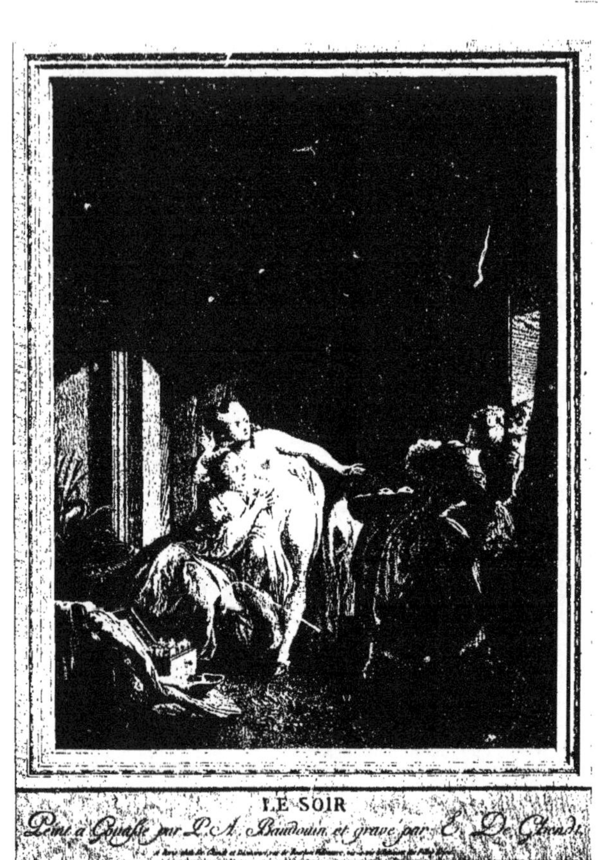

N° 5 du Catalogue.

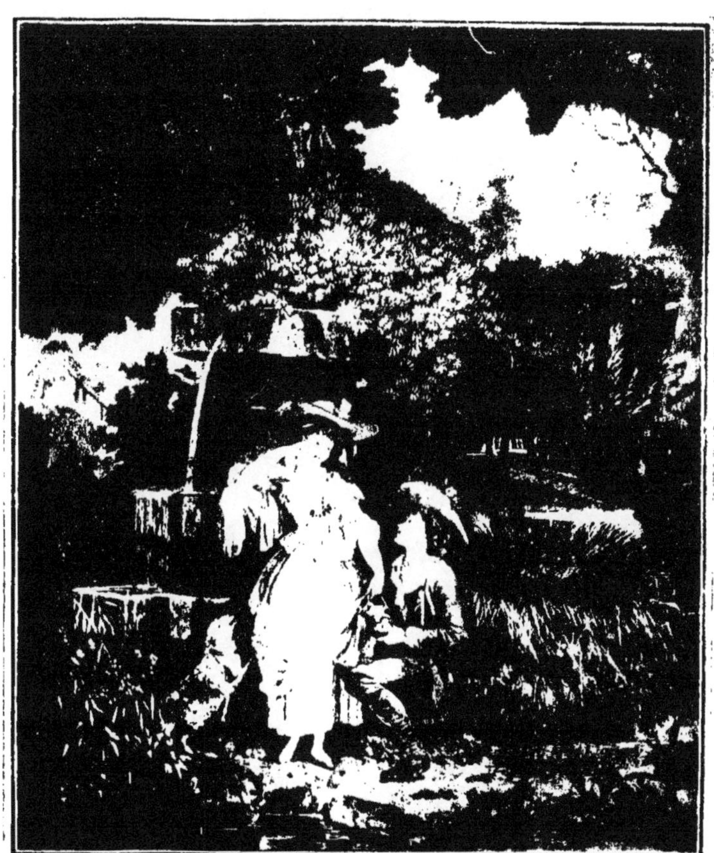

N° 40 du Catalogue.

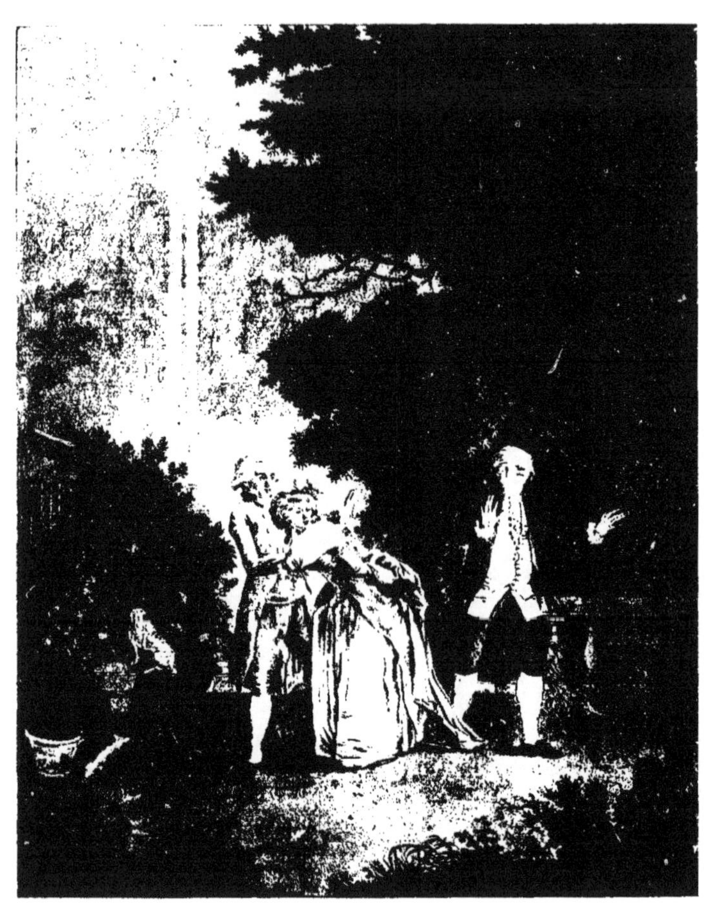

N° 121 du Catalogue.

JANINET (J. F) ?

110. Ruines Romaines, petite pl. de forme ronde. Très belle épreuve, *imp. en couleurs* (sans marges).

JANSCHA (d'après L.)

111. Vue de la Maison de Ville de Remagen, par Ziegler. Très belle épreuve, *coloriée.*

JEAURAT (d'après E.)

111 *bis.* Le Joli dormir, par E. Claire Tournay. Belle épreuve (sans marge, doublée).

KAUFFMAN (d'ap. Ang.)

112. Le Plaisir innocent, par C. de Lasinio. Belle épreuve, *imp. en couleurs.*

LAURENCE (d'ap. Sir Th.)

113. Sir Thomas Strange, par C. Turner, 1820. Belle épreuve.

LAVREINCE (d'apr. N.)

114. Le Billet doux, par N. De Launay (10). Très belle épreuve (sans marges).

115. La Consolation de l'absence, par N. De Launay. Belle épreuve (sans marges, petites restaurations). Encadrée.

116. Le Lever des Ouvrières en Modes, par Dequevauviller (36). Belle épreuve (trous de vers).

117. Le Lever des Ouvrières en modes, par Le Cœur (36 C). Belle épreuve, *imp. en couleurs* (sans marges, petites restaurations).

118. Le Restaurant, par Deny (53). Très rare épreuve à l'*eau-forte pure* (les angles déchirés).

LE BARBIER (d'ap. J. J. F.)

119. Prise d'une Ville, par de Machy fils. Très belle épreuve, *avant toute lettre*, *imp. en couleurs*.

LE CAMPION

120. Son regard dit... — Le Désir de plaire. Deux pl. de forme ovale d'ap. Boucher et Le Clerc, se faisant pendants. Très belles épreuves, *imp. en couleurs*. Rares.

LE CŒUR (L.)

121. Le Colin-Maillard ou le Bandeau favorable. Très belle épreuve, *imprimée en couleurs* (sans marges, petite épidermure). Très rare.

122. *The Making up — The Falling out*. Deux petites pl. de forme ovale, gravées par M. de Sallieth, publiées par Le Cœur. Très belles épreuves, *imp. en couleurs*.

LELU (P.)

123. A la Mémoire du Gén[l] d'Essex (sic — Desaix) (P. de B. 29). Belle épreuve. Très rare.

LE PRINCE (d'ap. J. B.)

124. L'Amour à l'espagnole, par A. de St-Aubin et N. Pruneau (455). Très rare épreuve du 2e état, les personnages à l'*état d'eau-forte*, *avant* toute lettre.

125. 1re et 2e Pastorales, 2 pl. se faisant pendants. Belles épreuves, *tirées en bistre*.

126. Les Pêcheurs — Les Laveuses, 2 pl. se faisant pendants. Très belles épreuves, *tirées en bistre*.

127. La Cuisine d'Été — La Cascade — Les Filets — Vue des Environs de Nerva. Quatre pièces. Belles épreuves, *tirées en bistre*.

MALLET (d'apr. J. B.)

128. Voyage à Cithère. Belle épreuve.

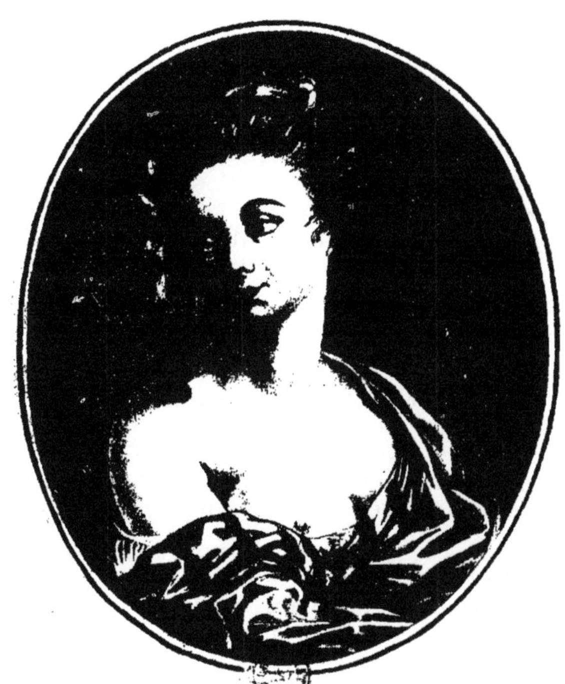

N° 120 du Catalogue.

MOITTE (d'après)

129. Le Jaloux endormi — L'Infidélité reconnue. Deux pl. par Vidal et Dambrun, se faisant pendants. Belles épreuves.

MOREAU LE JEUNE (d'apr. J. M.)

130. Déclaration de la grossesse, par Martini. Très belle épreuve, *enluminée* (piqûres).

131. J'en accepte l'heureux présage, par Trière. Très belle épreuve, *enluminée* (piqûres).

132. Le Lever, par Halbou. Très belle épreuve, *enluminée* (piqûres).

133. La petite Toilette, par Martini. Très belle épreuve, *enluminée* (piqûres).

134. La grande Toilette, par Martini. Très belle épreuve, *enluminée* (piqûres).

135. La Course de Chevaux — Le Seigneur chez son Fermier, 2 pl. par Guttenberg et Delignon. Belles épreuves, *enluminées* (piqûres).

136. Mort du Chevalier d'Assas, par Simonet. Belle épreuve, *avant la lettre.*

MORLAND (d'après G.)

137. *A Visit to the Boarding School — A Visit to the Child at Nurse.* Deux pl. par W. Ward, se faisant pendants. Très belles épreuves. Encadrées.

138. *The Fruits of Early Industry et Œconomy — The Effects of youtful extravagance et Idleness.* Deux pl. par W. Ward, se faisant pendants. Très belles épreuves. Encadrées.

139. *Lecture on gadding*, par Bartolotti. Belle épreuve *imp. en couleurs* (sans marges, très légèrement rognée).

140. Les petits Cueilleurs de noisettes, par Mixelle. Bonne épreuve, *imp. en couleurs* (sans marges).

141. *The Parc St-James*, par Rollet. Belle épreuve.

MOUCHET (d'après F.)

142. L'Illusion, par Darcis. Belle épreuve, *avant la lettre* (petites épidermures). Encadrée.

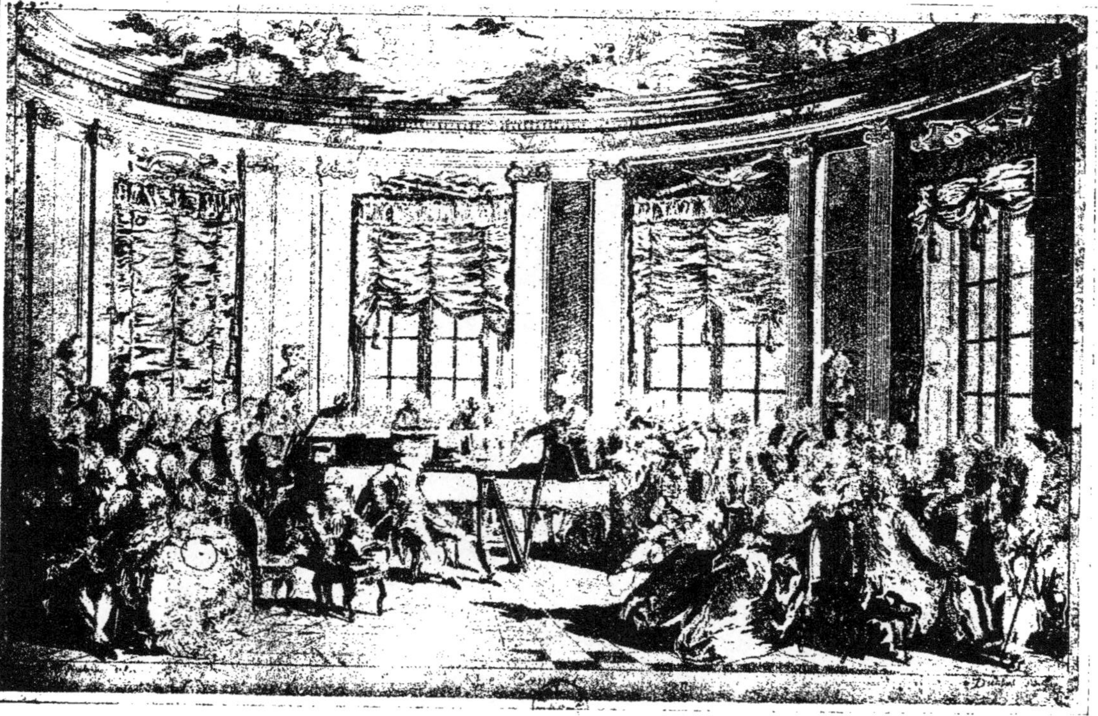

N° 154 du Catalogue.

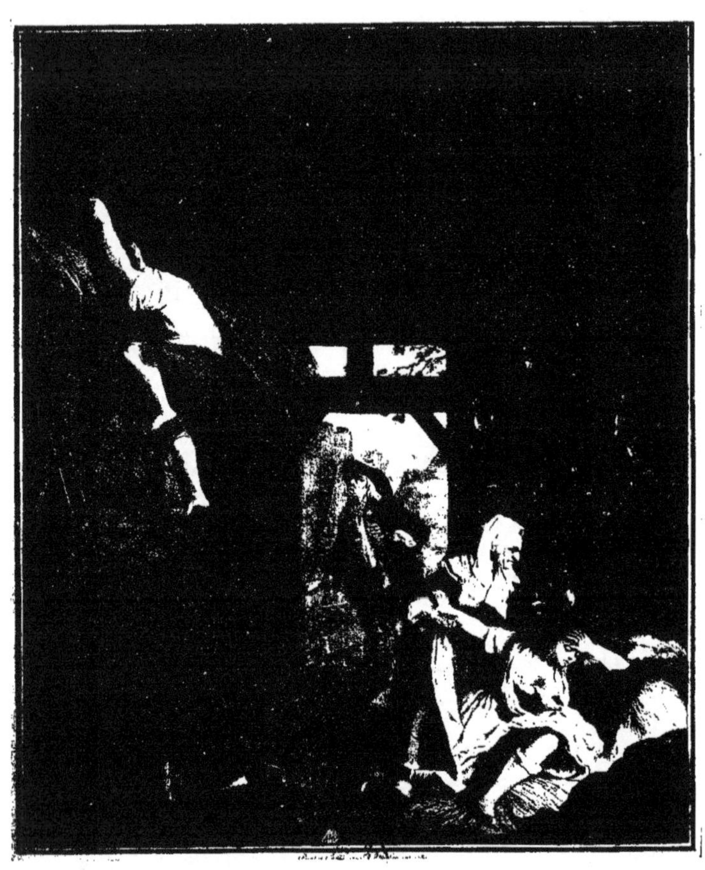

N° 157 du Catalogue.

MUSÉE GROTESQUE (le)

143. Musée grotesque. Suite complète de 65 planches (avec le n° 3 bis), soit 66 pièces en 1 alb. grand. in-4 cart. Belles épreuves, *coloriées* (quelques légères cassures).

NAPOLÉON Ier (Estampe relative à)

144. *N. Bonaparte Ier Consul*, par Mercoli fils, d'apr. Bacler d'Albe. Très belle épreuve.

PERNET (d'apr. P.)

145. Ie et IVe Ruines Romaines. Deux petites pl. par J. B. Chapuy, de forme ronde, se faisant pendants. Très belles épreuves, *imp. en couleurs*.

PETERS (d'après W.)

146. *Merry Wives of Windsor*. Deux pl. par Simon, se faisant pendants. Très belles épreuves, *coloriées*.

PORTRAITS

147. Louis XVI — Marie Antoinette — Artois (Cte d'), par Dupin fils, d'apr. Hall — Penthièvre (Duc de), par Fessard et St-Aubin — Chartres (Duc de), par Chevillet — Orléans (Duc d'), par A. de St-Aubin, d'apr. Cochin. Six pièces. Très belles épreuves.

148. Portraits divers, 18 pl. par Cochin, St-Aubin, Lempereur, etc. Belles épreuves.

PRUDHON (d'après P. P.)

149. La Raison parle... — La Vertu aux prises avec le Vice (78-79), Deux pl., se faisant pendants, par B. Roger. Belles épreuves, *avant la lettre*.

150. Innocence et Amour, par Villerey (52), *avant la lettre* — L'Amour séduit l'Innocence... (59), av^{t} l. l. Deux pl. Belles épreuves (cassures à la 1re pl.).

REGNAULT (N. F.)

151. Soir. Très belle épreuve, *avant* l'adresse, toute marge.

ROBERT (d'après Hubert)

152. Sîtes d'Italie. Deux pl. par Saint-Non. Très belles épreuves, *tirées en bistre.*

SAINT-AUBIN (Augustin de)

153. Marquise de *** (Adrienne Sophie) (E. B. 173). Très belle épreuve, *avant* l'adresse (mouillures).

154. Le Concert, par A. J. Duclos (403). Epreuve à *l'eau forte pure*, *avant* toutes lettres et *avant* l'encadrement. **De toute rareté** (légère cassure).

155. L'Heureux Ménage — La Sollicitude Maternelle (412-414). Deux pl. par Sergent, Gautier et Phelippeaux, formant pendants. Très belles épreuves, *avant toute lettre, imp. en couleurs.*

156. La Tendresse maternelle, par Phelippeaux et Morret. Belle épreuve, *imp. en couleurs* (sans marges).

SERGENT (A. F.)

157. Il est trop tard, 1789. Très belle épreuve, *imp. en couleurs* (marges légèrement salies).

158. Des-Herbièrs — Dupleix. Deux pièces. Superbes épreuves, *imp. en couleurs.*

SIMONEAU et WHEATLEY (d'après)

159. La Prière pressante — Le Défaillement. Deux pl. par Venzo, se faisant pendants. Belles épreuves, *imp. en couleurs.*

SINTZENICH (H.)

160. *Carl Georg Heinrich Graf von Hoym*, d'apr. F. Bach, 1795. Belle épreuve, *imp. en couleurs*, avec retraits.

TROY (d'ap. Fr. de)

161. Histoire d'Esther, par Beauvarlet, 3 pl. (d'une suite de 7). Très belles épreuves, *avant toute lettre, signées.*

162. L'Aimable accord, par E. C. Tournay. Belle épreuve.

VERNET (d'apr. C.)

163. Le Jockey au montoir — Le Cheval bouchonné — Le Saut — Cheval de Chasse — Le Départ au galop — La Barrière franchie — Le Cavalier démonté. Suite de 8 pl. par J. Darcis. Très belles épreuves.

164. La Danse des Chiens en désordre, copie par Edm. Gosselin. Très belle épreuve, *avant toute lettre, coloriée.*

VIGNETTES

165. Vignettes pour le Nouveau Testament, 195 pièces d'apr. Moreau le jeune, par Dambrun, Giraud, Halbou, etc, *en divers états.*

WATTEAU (d'apr. Ant.)

166. Amusements champêtres, par B. Audran (104). Belle épreuve (restauration).

167. Promenade sur les remparts, par Aubert. Belle épreuve.

168. Diverses figures chinoises (203-214), suite de 12 pl., par F. Boucher — Diverses figures chinoises et tartares (215-226), suite de 12 pl. par E. Jeaurat, soit ensemble 24 pièces tirées sur 6 feuilles gr. in-fol. Très belles épreuves.

WHEATLEY (d'apr. F.)

169. *Love*, par Picot, 1788. Belle épreuve, *tirée en bistre.*

WILLE (J. G.)

170. La Bonne femme de Normandie — La Sœur de la bonne femme de Normandie. Deux pl. d'apr. Wille fils, se faisant pendants (71-72). Superbes et rares épreuves, *avant la lettre*, (la 1re pl. d'un *état non décrit*, avec la bordure, mais *avant les armes*).

WOLF (d'après C.)

171. Vues des glaciers et cascades de la Suisse. Suite de 10 pl. par Storklin, Pfenninger, Demeuse et C. Wys. Très belles épreuves, *coloriées.*

172. Sous ce numéro, il sera vendu quelques pièces non cataloguées.

FRAZIER-SOYE

GRAVEUR-IMPRIMEUR

153-155-157, Rue Montmartre

PARIS

www.ingramcontent.com/pod-product-compliance
Ingram Content Group UK Ltd.
Pitfield, Milton Keynes, MK11 3LW, UK
UKHW020520180726
13839UKWH00005B/2215